AF224228

CRITIQUE

DU GOUVERNEMENT

ACTUEL.

NÉCESSITÉ ET MOYENS DE LE RÉFORMER.

PAR BULLIOD.

A PARIS.

De l'Imprimerie d'ANJUBAULT, rue de Grenelle,
F. G. n.º 365.

____

13 GERMINAL, AN III DE LA RÉPUBLIQUE FRANÇAISE.

CRITIQUE

DU GOUVERNEMENT

ACTUEL.

NÉCESSITÉ ET MOYENS DE LE RÉFORMER.

Est-ce à moi, faible individu, de traiter une aussi grande question, que celle qui occupe en cet instant les politiques, et qui tient toute la France dans une accablante perplexité? Il le faut bien, puisque dans la convention, comme dans aucun écrit public, je n'ai encore vu poser hardiment les principes immuables, qui doivent ramener l'ordre et la liberté.

La convention fatiguée des incertitudes qui l'environnent avait adopté avec enthousiasme la première proposition, qu'on osa lui faire de céder la place à une nouvelle législature.

A 2

Mais un coup d'œil subséquent et plus réfléchi lui a fait sentir, que si elle s'est crue suffisamment autorisée par les circonstances à conserver au-delà des bornes fixées par la constitution les rênes du gouvernement, la même loi lui impose un semblable devoir bien plus impérieusement à cette heure que jamais.

Elle a du se persuader encore, qu'il n'y avait de sureté pour aucun de ses membres, si elle ne conduisait au port le vaisseau de l'état, qui n'est peut-être si délabré que par son imperitie et sa faiblesse passées : mais qu'instruite aujourd'hui par son expérience, elle seule peut réparer les maux accumulés sur la France, quelle que soit la fatalité qui les a produits. Elle restera donc à son poste, puisqu'elle l'a promis... Mais conservera-t-elle encore un jour les formes barbares d'administration qu'elle a malheureusement adoptées, et qui, plus que tout autre chose, ont produit le désordre qui nous anéantit

Ce qu'il y a de plus monstrueux dans un gouvernement quelconque, ce que l'acte constitutionnel de 1793 avait voulu prévenir surtout c'est la cumulation des pouvoirs législatif et exécutif dans les mêmes mains ; c'est précisément parce que cette forme est la base de l tyrannie, que Robespierre et ses complices l'avaient fait adopter à la convention. Elle nous dit qu'elle fut subjuguée par lui dans cette mesure comme dans toutes les autres ; et nous, plus généreux qu'aveugles, nous l'absolvons de cette erreur, parce que c'est un besoin pour nous de la trouver innocente. Mais ne pouvons-nous pas lui demander avec fermeté, pourquoi, depuis le 9 Thermidor, époque où elle convient avoir recouvré sa liberté, elle ne l'a pas rendue au peuple, sur qui pèse de toutes les manières ce gouvernement odieux ? Il semble qu'elle n'ait eu en vue que de se soustraire seule à la possibilité d'un nouvel ascendant de ses comités sur elle-même, en décrétant qu'ils seraient renouvellés tous les trois mois ; d'où il résulte seulement, qu'en leur ôtant les moyens de lui nuire, elle les a mis aussi dans l'impuissance de faire aucun bien : car il est constant que des hommes tout neufs en administration qu'on introduit dans un comité, en ont à peine saisi les premiers élémens, qu'ils sont obligés de l'abandonner.

C'est en vain qu'on a posé en principe dans la convention : *que tous ceux que le vœu du peuple avait appellés à le représenter, avaient essentiellement les qualités nécessaires pour le bien gou-*

verner ; une cruelle expérience nous prouve évidemment la vanité de cette prétention.

Il y a des hommes d'un mérite éminent dans la Convention ; mais c'est parce qu'ils y sont en petit nombre et qu'ils n'y prennent pas assez d'ascendant, que les choses vont tout de travers. Toutes les fautes qui se sont commises depuis le 9 Thermidor, ont le même principe, savoir le défaut de gouvernement, et les résultats en sont effrayans.

Après une récolte abondante et des importations immenses de l'étranger en grains et en farines, nous sommes dans la disette la plus absolue. Les trésors entassés à la monnoie se sont dissipés, les finances dilapidées, la masse des assignats accrue d'une manière effrayante, notre prétendue conquête de la Hollande, où nous n'avons pas brûlé une amorce, nous coûtera cent mille hommes par la mal-adresse de nos conditions ; *déjà nous y sommes maltraités de toutes les manières.* La folle prétention d'étendre les limites de la France nous a fait manquer le moment de conclure une paix avantageuse avec la plus grande partie des puissances, paix qui aurait infailliblement affermi la République Française, et c'était là l'unique but de la guerre.

Au lieu de cela, il nous faudra probablement courir les risques d'une nouvelle campagne, toujours moins certaine que ce que nous tenions, et qui, à coup sûr, accroîtra de beaucoup notre détresse, et reculera de vingt ans de plus le rétablissement de la France, par la perte des hommes et l'accroissement de la dette publique. Que serait-ce si je voulais promener mes regards sur cet assemblage gothique de commissions indépendantes les unes des autres, dont une seule entrave à chaque instant la marche de l'ensemble, sur cette légion de commis qui ont déserté des états utiles, pour exercer des emplois auxquels ils n'entendent rien, et qui pompent par des canaux multipliés la substance de la République. Est-ce là, grands dieux ! un gouvernement? Est-ce là ce qu'on devait attendre de cette quintescence du genre humain, qui semblait devoir régénérer l'univers?

Mais c'est assez parler des abus; je n'aurais rempli qu'une triste et pénible tâche, si je n'avais fait qu'ouvrir les yeux de mes concitoyens sur la plaie qui les dévore, sans essayer d'en indiquer le remède.

Puisque j'ai posé pour principe et prouvé que tous nos maux provenaient de la réunion de pouvoirs législatif et exécutif dans les mêmes mains, il est naturel d'en conclure qu'il faut se hâter de les diviser pour ramener l'ordre et la prospérité.

Mais il paraît difficile de statuer le mode d'après lequel se fera l'élection d'un conseil exécutif.

Suivant l'acte constitutionnel, l'assemblée électorale de chaque Département doit nommer un candidat, et le corps législatif choisit sur la liste générale les membres du conseil.

Mais les électeurs sont nommés par les assemblées primaires, et je crois avoir prouvé que le salut de l'état exige que la convocation des assemblées primaires soit différée jusqu'à la paix. D'ailleurs si l'on attendait l'effet de cette nomination pour établir un conseil exécutif, nous resterions encore plusieurs mois dans le désordre où nous sommes, ce qui ne peut s'envisager sans frémir.

Il existe, à mon avis, un moyen sage et populaire de procéder à cette organisation, c'est que la Convention choisisse le nombre des membres déterminés par la constitution, pour la composition du Conseil, parmi ses suppléans qui

sont les élus du peuple non moins que le seraient ceux qui auraient été désignés par les
électeurs, comme le veut l'acte constitutionnel.
Ces suppléans seraient remplacés au conseil par
d'autres, lorsqu'ils seraient appelés à leur tour
dans le sein de la Convention. Le Conseil ainsi
organisé s'occupera de tout ce qui lui est at-
tribué par la constitution ; il nommera prompte-
ment ses agens et sera bientôt en état de sup-
primer tous les rouages incohérens, qui font ré-
trograder la machine politique au lieu de la
mener à son but.

Cette opération achevée, la Convention pourra
travailler avec plus d'application et plus de
succès à organiser le reste de la constitution ;
car je pense, avec Cambacérès, qu'on ne peut
mettre en vigueur les différentes parties qui la
composent, que les unes après les autres : et
certes, nous jouirons de celle qui nous importe
le plus, quand nous aurons un gouvernement,
puisqu'il aura toute la force légale et tous les
moyens secondaires pour travailler efficacement
à la paix ; puisque l'une des parties de son administration sera uniquement occupée des subsistances, que l'autre veillera à la sûreté publique, etc.

Au surplus, je crois satisfaire les différentes

opinions sur la question de la convocation plu
ou moins prochaine des assemblées primaires
par l'observation suivante que je puise encor
dans la constitution :

Le peuple a le droit, par l'article XXXII de
l'acte constitutionnel, de se réunir spontané-
ment en assemblées primaires, tous les ans,, au
premier Mai, pour les élections. Eh bien
membres de la Convention, restez passifs à ce
égard ; et si, par un sentiment de la nécessité
des circonstances, le peuple n'use point de ce
droit, c'est un aveu certain, quoique tacite
qu'il laisse son salut entre vos mains ; que s
la majorité des Départemens vous annonce, que
ses assemblées primaires ont régulièrement voté
une nouvelle législature, vous n'aurez qu'à obéir
au peuple souverain ; mais du moins vous vous
retirerez avec honneur, en laissant à vos succes-
seurs un gouvernement organisé de telle sorte,
qu'il puisse y reconnaître la main du législateur
républicain, et non celle des esclaves du tyran
ou de ses complices. La Convention aura d'au-
tant plus de moyens d'établir cet ordre avant
sa retraite, que, suivant l'acte constitutionnel,
la nouvelle législature ne doit entrer en fonc-
tion qu'au premier juillet.

Mais si le silence du peuple vous appele

encore une fois à le sauver, songez, Représentans, que c'est la confiance du désespoir, qui vous menace de toute sa fureur, si elle est trompée; croyez qu'un gouvernement sage, une paix plus solide qu'éclatante peuvent seuls lui faire oublier les maux incalculables qu'il a soufferts et qui s'accroissent chaque jour. Si les subsistances sont assurées comme nous le croyons puisque vous nous le certifiez, tous les moyens sont entre vos mains, je ne vois que gloire et bonheur pour vous.

Il ne faut pourtant pas dissimuler, que si les assemblées primaires ne sont point convoquées pour la nomination d'une nouvelle législature, il convient, pour faire disparaître toutes les traces de l'infâme gouvernement révolutionnaire, de donner incessamment aux communes, dont les autorités ont été reformées arbitrairement, la liberté de se rassembler pour en élire de nouvelles.

Quand à l'organisation de Paris, je trouve dans le décret présenté par Merlin de Douai des articles infiniment sages, savoir celui de diviser en plusieurs municipalités les communes nombreuses, dans la proportion d'une pour cinquante mille habitans.

Celui de réduire les sociétés populaires à celles des citoyens de la même section, et celles-ci à une forme sociale et non délibérante, car depuis que je les fréquente, c'est-à-dire depuis le premier jour de la révolution, je leur ai vu faire beaucoup plus de sottises que de choses utiles, et il est presque impossible de leur ôter l'idée ridicule d'influencer le corps législatif.

Il importe encore infiniment que l'assemblée législative ou conventionnelle ait la police de la commune où elle tient ses séances, mais elle remplira fort mal cette charge, quand elle conservera autour d'elle, pour premier agent de cette police un corps soldé, qui n'est point assujetti à la discipline militaire et sur-tout au cazernement, et dont le défaut de subordination et de principes certains peut devenir très dangereux pour elle et pour le peuple.

La composition de la Garde Nationale ne mérite pas moins son attention. Tant qu'elle n'aura pas un Etat Major indépendant des bataillons de section, les lois qui régient le service seront toujours violées, quelquefois par indifférence, souvent par mauvaise intention. Il existe des bataillons dont tous les officiers sont encore des anciens agens ou amis de Robespierre.

Peut-il y avoir quelque sûreté publique , quand elle est confiée à de pareilles mains ?

J'avais déjà livré ceci à l'impression , et je finissais par donner mon opinion sur les prévenus. J'avoue que celle de Boudin m'avait paru la plus raisonnable. quoiqu'elle n'ait été ni appuyée ni mise aux voix. C'est souvent le sort des meilleurs avis d'être lesplus négligés. La seule objection qu'on y ait faite s'évanouit au plus simple raisonnement. On a dit que les accusés ne pouvaient pas être jugés par leurs commettans parcequ'ils n'étaient plus les députés de tel ou tel département, mais bien les représentans de tout le Peuple Français : et moi je dis que sans attaquer la disposition du décret qui a décidé cette question, et qui pourrait peut-être supporter quelques modifications, un décret tout aussi bien fondé pourrait réduire à sa simple qualité de mandataire de tel canton, le député prevenu d'un délit grave, et par conséquent incapable de la confiance générale ni particulière. J'ai cru devoir établir cette vérité quoique la position ait changé depuis, par le jugement que vient de rendre la Convention, parceque le cas peut se renouveller et qu'il ne faut pas qu'il reste pour constant qu'on ait tenu cette objection pour victorieuse. Quant à ce jugement qui va faire époque dans notre révolution,

bien des gens se plaignent de son excessive
douceur, en ce qu'il ne condamne qu'à la dé-
portation des hommes chargés de tant de crimes.
Je conviens qu'au premier abord on est frappé
de cette apparente faiblesse, mais on doit re-
marquer que c'était peut-être le seul moyen
d'accélérer le jugement et de déterminer des
esprits faibles que les plus mauvais sophismes te-
naient en suspens, et dont la conscience était
alarmée par une puérile incertitude. On peut ce-
pendant faire une objection frappante sur l'imper-
fection de ce décret, qui ne prévoit pas le cas de
désobéissance et d'évasion ou de retour des
coupables. Il aurait fallu, pour calmer toutes
les craintes à cet égard, que le décret portât
la mise hors la loi en pareil cas.

Ce qui doit rassurer encore, c'est l'acte de
fermeté auquel la Convention s'est enfin détermi-
né contre les autres membres complices des premiers. et fauteurs de la conjuration qui fut déjouée
hier. Il faut l'avouer, sans ce coup de vigueur, je
désespérais de la Convention et de la patrie; car
le crime ne connaissant aucune mesure, doit
toujours finir par vaincre, s'il n'est combattu
par des moyens extraordinaires.

Convention nationale, te voilà libre enfin,
tu n'auras plus d'excuse. si tu ne rends pas au

peuple la liberté qu'il t'a conservée, et qu'il te demande à grands cris. Je crois t'avoir indiqué les moyens de le faire sans secousse, mais tu es plus sage et plus forte en conseil qu'un simple individu : je n'aurais pas même hasardé cet écrit, si j'avais prévu que tu serais libre d'user de toutes tes ressources. Mais il est fait, il ne peut pas nuire, et tu rendras justice à mes motifs.